# ABLANDAR UNA LENGUA

**Javier L. Mora** (Bayamo, Cuba, 1983). Poeta, crítico y traductor. Tiene publicados *Matar al gato ruso y otros ensayos* (Letras Cubanas, 2018), la selección personal *Manejos del ojo* (Casa Vacía, 2019) y la antología *Long Playing Poetry. Cuba: Generación Años Cero* (Casa Vacía, 2017), en coautoría con Ángel Pérez. Obtuvo la Beca Dador de ensayo 2014, y el Premio Ilse Erythropel de *La Gaceta de Cuba,* 2018. Ha traducido textos de Eugenio Montale, Nanni Balestrini y Matteo Fantuzzi, entre otros. Ediciones Matanzas prepara su versión de *Wirrwarr,* de Edoardo Sanguineti. *Ablandar una lengua* es el segundo volumen de su *Serie de la Repúblik*, integrada además por *Examen de los institutos civiles* (Premio David de Poesía, Ediciones Unión, 2012) y «El Gran Bluff». Textos suyos aparecen en diversas publicaciones de Cuba y el extranjero, y han sido traducidos a varias lenguas.

Javier L. Mora

# ABLANDAR UNA LENGUA

Premio de Poesía
«Editorial Hypermedia 2019»

De la presente edición, 2020

© Javier L. Mora
© Editorial Hypermedia

Editorial Hypermedia
www.editorialhypermedia.com
www.hypermediamagazine.com
hypermedia@editorialhypermedia.com

Edición: Ladislao Aguado
Maquetación y corrección: Editorial Hypermedia
Diseño de colección y portada: Herman Vega Vogeler

ISBN: 978-1-948517-56-0

*Solo has vivido una vida fingida, no verdadera,
solo una existencia fingida, no real, todo lo que a
ti se refiere y todo lo que eres ha sido siempre solo
algo fingido, no real ni verdadero.*

BERNHARD

*KNOW-HOW*

## RÉGIMEN

Phaseolus vulgaris *(porque solo era eso) hacíale pensar en temporada alta, cuando* el otro *ordenaba valijas de primera, con rigor/ con rigor/ sobre marcas que hoy no parecen de nombre sino fechas. Un movimiento añejo: raspar/ medir/ cocer el agua dura, ablandar una lengua (muerta por congestión).*

*«De mañana y de tarde, cuando se pone fin a las dos tandas y termina jornada de labriegos».*

Phaseolus vulgaris.
*«Esos que dan a cientos por ninguno».*

Phaseolus vulgaris
*(aprende a consumir el necesario).*

(El otro, *siglos ya/ colgando motu proprio de una viga/ en tiempos retenidos con concreto).*

## LAS HABILIDADES ELECTIVAS

«Y decidí no solo planificar todo lo referente al dinero, sino también la destrucción física del tiempo». El horario, según Mandelstam, era el siguiente:

| | | |
|---|---|---|
| 7:30 | Levantarse | |
| 7:30-8:30 | vestirse | estar furioso |
| 8:30-14:00 | del oficio fatal | |
| 14:00-16:00 | al entreacto | |
| 16:00-20:00 | esquivo | con odio visceral |
| 20:00-20:30 | odiar-lo vivo | |
| 20:30-22:00 | ir al mandato diestro | |
| 22:00-23:00 | y a la cama | |
| 23:00-24:00 | rabioso | |

y así también, al día siguiente,

| | |
|---|---|
| 7:30 | Levantarse |
| | vestirse... |

«Esto es delirio enfermizo de estadísticas, síntomas de una obsesión neurótica de vida-en-el-deber, que suscitaría la fatiga ideológica del individuo».

¿Pero qué es la experiencia sino la capacidad de volver, otra vez, al mismo punto?

## KURT VONNEGUT *TODAY*

jamón serrano
o de parma
2 huevos para tortilla
queso blanco conservado
queso compacto—
etc.
*mozzarella* (quizás)
ajíes
cebolla gruesa
tostadas
pan de centeno—
etc.
café serrano
o *lavazza*
*brioche* (o bien
*panettone*)
leche entera
mantequilla—
etc.
*spremuta d'aracia*

*cuor di mela* (two packs)
frutas (de primer
orden)
mermeladas
jalea—
etc. etc.
etc.

(Paréntesis:

solo en telenovelas, donde a menudo existe algún pro-
yecto libre, se visiona otra cosa de estos actos: una ex-
periencia fuerte. Hay allí otra prolongación de la reali-
dad, apenas entrevista por nosotros. Entonces te lo dije:
había algo, apenas entrevisto por nosotros...

y aquí está).

## TEORÍA ECONÓMICA DEL OBJETO

(*Teníamos hambre, pero ella prefería comprar helado.* Nestlé, *decía,* de chocolate. *Lo consumía sola. ¿Había otra cosa? Naturalmente, aunque no era tampoco para hacer: sin dinero y con ganas de = sin solución. Al menos para mantenerse un día completo. De calor, además. Lo consumía sola.* Nestlé, *decía. Sin solución*).

—Hay que verlo, hay que verlo.
   Habría que entrar ahí:

**1) Claro que**
andar la casa de un extremo a otro (20 metros cuadrados) no resolvía el problema. Sin embargo, semejante proyecto (caminar como compensación de = lección interior) explicaba el origen de una idea: tener *un asunto en qué pensar,* o (cuando menos) *la posibilidad de la marcha.*

Éramos cinco adentro. Yo caminaba al fondo mientras los otros seguían allí, invariablemente enquistados: la imagen de un tótem atribuido y su expresión, *cabecitas totémicas*, asimilada.

Yo
(en tanto)
caminaba,
aunque el acto de mi desplazamiento fue siempre un proyecto baldío —teníamos hambre, con ganas de ( ), no daba el resultado necesario—, pero el movimiento bloquea el sentido de ansiedad que provoca el estómago en este caso. La posibilidad del movimiento. Eso: para *no-pensar*. El objeto *en-qué-pensar*, y su negación. El movimiento (caminar caminar) como sustitución de ( ), como alternativa a
*pensar el efecto del hambre*
(como
anulación).

Un asunto sin interés:
el suceso de invalidar el deseo en cada paso—
el sentido por metro recorrido
y señalar

(en tono
bal
bu
cien
te):

baba bababa babá!

(siguiendo el método de un bobito
cualquiera
sin contenido mental).

Y aquí es
   donde aparece:

## 2) El problema

era que no existía el evento de la compra: ni el acto (2), ni el moviente (1). El cero y la nada. ¿Cómo evadir el suceso de la exclusión? En vista de la ausencia del primero, no podía lograrse el segundo. El movimiento ofrece un resultado preciso: de 1 se pasa a 2, de la posesión de 1 tendríamos la posibilidad de 2.

Pero digamos que
(canción
rusa, 1905):

   un sujeto sin mercancía es una nada a la izquierda.
   una nada a la izquierda es
                     un *desecho-derivado-del-Estado*.

¿Sujeto mercantil? ¡No! Más bien el proyecto de una posesión inespecífica, disfuncional. El disparate de tener un *qué* (moviente 1 = objeto económico = mercancía inicial) y no el *cómo* (acto de compra 2 = segunda mercancía). El evento, en fin, como inutilidad práctica de la posesión.

¿Y el helado? Un objeto económico sin competencia (la utilidad por Dios, la utilidad!). Algo difícil de ceñir al concepto de *equivalencia-distributiva-del-capital*. De manera que el acto de compra (helado = segunda mercancía) era —en nosotros, para *ella*— un recurso de mínimo acceso: secuela de una vida familiar sin patrimonio. O mejor: la economía doméstica como el producto de una macrohistoria, el relato de un orden público en estado puro de descomposición.

—La noticia es el cero.
—La noticia es el cero y la nada.
—La noticia es.

Pero digamos que
(canción
rusa, 1917):

adentro (bien a-d-e-n-t-r-o) de un modelo bancario es-
téril, semejante al carrito de mercado que ha perdido la
oportunidad del acontecimiento, y que a pesar de todo
sigue andando (avanzar avanzar), un tranco al frente
y dos o tres atrás: con entusiasmo, en *una-estructu-
ra-sin-progresión*.

Véase
la marcha triste del capital:
su ineficacia.

(O lo que queda de ello).

**3) De las cabecitas totémicas,**
una composición: la mente rota y la expresión *atenta a
un punto ciego*. Como ver (por ejemplo) cerebros des-
truidos por el sol, o la falta de *gluten*. Hay cierta de-
ficiencia gráfica en la imagen —yo adentro y 4 testas
firmes en desintegración—: cerebros *invariablemente
enquistados*, con ganas de ( ), en un pasaje idiota.

¿Y qué había detrás de todo eso?

4 cabezas desarticuladas.
Lo que afirma el siguiente testimonio: *mente rota,*

(geométrica
mente
a cuadrículas)
en el proceso de una compra insignificante:
(la mercancía la mercancía!

en efecto):

    Nestlé.
    1 pote: 1. 35 (en *convertibles*)
    sabor: *chocolate*. No constipa,
                        estimula la impresión de felicidad.

En nosotros, la necesidad de una masa hueca y sin nu-
trientes: improductiva. Cumple el deseo: *estimula la
impresión de felicidad*.

Lo consumía sola.

(Un estudio de la deficiencia gráfica en la imagen —aquello
que ha sido, por cierto, negado al ojo—, arrojaría: el argu-
mento del capital).

Pero digamos que
(canción
rusa, 1921):

    —El objeto es el cero.
    —El objeto es el cero.
    —El objeto ha comprado mi noción de embriaguez.

En resumen: no proponía el encuadre algún síntoma de
ventaja dramática. (La escena se repite. La escena se pro-

longa. La escena se —ídem, hasta el cansancio): 4 cabezas al sol, y yo aplicado al ejercicio de la traslación, viendo pasar (en tanto, por ejemplo) *una existencia tirada a-la-basura.*

Lo consumía sola.
Lo consumía.

Ahora,
	la cuestión de

## 4) La inmovilidad

era otra cosa. ¿Por qué caminaba? Salía mejor que descansar. Para las cabezas totémicas —las otras 4 en su orden jerárquico, donde la de *ella* es la más visible—, seguir allí entrañaba cierta pose de agitación mental: en la casa (superficie fijada en 20 metros) frente a la que no hay preguntas de ( ). La inmovilidad, un principio escrupuloso de apariencia. El movimiento de caminar ocupaba entonces una dirección específica: *paliar el hambre.* Silabear (balbucir): hacer(se) el sueco, *hacer el bobo* —un bobito cualquiera sin contenido—, en un sistema estanco por definición.

En consecuencia, el propósito es:

EL GRAN IMPASSE

(canción
rusa, 1991,
o canción del bloque
oriental, 1989):

Escoger (para avanzar) una de estas ideas:

1. *Si tienes un valor-efectivo, aprende a comprender*
   *la intensidad de su momento inútil.*
2. *De la buena distribución de los goces*
   *resulta el bienestar individual.*

Mejor aún:
no escoger. Ajustarse en el ínterin
y seguir (forzosa
mente)
la marcha:

y avanzar avanzar
siguiendo el método
de un pelotón ridículo de infantería:
de frente:

marx!

(el señor-(h)ito
que nos puso
a
      pa/cer-ir

     IDEA    S

        sin desarrollo)

y avanzar avanzar
con helado o sin él
con
el
helado.

(Si tengo un valor-efectivo, aprendo a comprender la intensidad de su momento inútil).

*—Hay que verlo, hay que verlo.*
*Habría que entrar ahí:*

Teníamos hambre, pero ella prefería comprar helado. *Nestlé*, decía, *de chocolate*. Lo consumía sola. ¿Había otra cosa? Naturalmente, aunque no era tampoco para hacer. Al menos para mantenerse un día completo. De calor, además. Lo consumía sola. *Nestlé*, decía.

(Sin solución).

## PRODUCCIONES L.
### Ella dice que no logra negocio

Para explicarte fotos del adjunto […] La estoy probando con tres de garantía […] Estas cosas varían: las primeras […] imprescindibles (sin esas, nada se puede hacer. Lo otro es perfeccionarme). Conversábamos, y ella me decía que no logra negocio […] pero si tiene venta […] puede dar para más. De acuerdo.

Te lo debo a ti.

---

1. Espátulas de acero (largas y parecidas a las que sirven para quitar pintura de la pared)
2. Boquillas metálicas y adaptadores. Las boquillas pueden ser de hojalata o acero; los adaptadores, plásticos. (También se conocen como *duyas*)
3. Mangas de nylon, poliéster o telas plastificadas. Hay grandes y pequeñas; todas tienen diferentes funciones. (Las Wilton son americanas y son buenas)

4.  Sabores, colores y otras cosas de esas. No hay
    azules, morados, verdes, amarillos, que allá ven-
    den en cajas por montones. (De los sabores no
    te sé decir)
5.  Brocha para la olla
6.  Lengua de goma y polvo para hornear

—Prometo que las otras
  serán
  en lo adelante
              de menor importancia.

## IDEA ESCANDINA DEL PROYECTO

El pensa     miento
                          no
de     lo que
un clásico     ser     ía
si la     american air
tu     viera
                          cir
culación
turba     mi sueño
&
sí
turba     mi sueño
el al     ma
(tré
mula &     so     la )
sin tricornio     &
                          sin
pensión
en una     ha     maca
vieja
de     ce
          mento!

## LA CIVIL INTERVENCIÓN

Si es cierto
que no estamos
más que
a la entrada
(y no hay
más entrada que
la salida)
entonces
qué hago aquí
donde
nada compongo
ni proyecto
ni mi torpe lenguaje
participa
de una idea
que
nunca
dije
yo.

## IDEA DEL PROYECTO ESCANDINO

El

                    no

de    lo que

un          ser

si    american

tu


               sueño

&

        mi

        ma

            la


pensión

en


    ce

## DOS SETENTA

Cinco
chorizos
una lata
de leche
& un kilo
de harina
fue cuanto
la familia
obsequió
como lote
de compras.
Suponemos
que una
operación
(en extremo)
ventajosa
con respecto
al gasto
público
del
dinero.

## PARCELAS

Granja
(también llamada
finca
o
parcela).
El *contadino* (Liuber:
rostro germano
y además
según el Catálogo
antropológico de la
nación
o El
engaño de las
razas, p. 16)
cuenta los cerdos: «120
cabezas de      "
vivos en naves
gozan
de buena salud».
A la izquierda:
granero
de concreto (para

pienso animal)
y alrededor
grandes campos
de sorgo
campos de maíz
*manihot esculenta*
y algunas maderables
o no
para cosecha.
En haber (además):
uso de carabina
permitido.
Un celador y otros
(función alternativa)
botas de goma
y símiles enseres
del oficio
(que por ahora
llamaremos Hendrix):
ojo sobre
porcino y campo
y sobre campo
y porcino.
Si se instituyen cuentas
saldas (a fin de mes)
Mr. Hendrix
(función retributiva)
verá jornal entero
y presente
de víveres (en 2 o
tal vez 3): latas de
la *esculenta*
que Liuber *contadino*
(rostro germano
y ademán)
reparte por igual

a celadores.
Cuando negocio
marcha
(función reproductiva):
ventas al por mayor
(pedidos) al Estado
y víveres a Hendrix.
Si la constancia
mengua (negocio
y vigilancia)
economía afecta
a celador:
cancélanse prebendas
y salario.
En la Granja
(también finca
o
parcela)
se prevé una ampliación
(función aumentativa)
en igual
porcentaje de los cerdos
o sea:
240 cabezas de     "
vivos en naves
tendrán
buena salud.
Pero tal crecimiento
establece
un problema
no solo de inversión:
ocurre que
también
(función coercitiva)
debe cuidarse
el trabajo de

Hendrix.
«Una vez vimos uno
sustraer (vehículo
al efecto) víveres
de aguinaldo (en 2 o
tal vez 3): latas de
la *esculenta*.
Y ya es bastante duro
responder
pedidos del Estado
para encima criar
tejón entre peones».
El transgresor
(botas de goma
y símiles enseres
del oficio)
recibió
despacho aparatoso
y reprimenda.
«Pero habría
preferido
disparar en tal caso
sendos tiros:
el primero a la espalda
y el otro a la
cabeza
de infractor».

## ESTILO MEMORÁNDUM

Como aquel
viejo y
famoso
de los Sacco
y Vanzetti:

salir
y
ver
qué hacer saltar
en algún
punto
cuando todo
lo demás
todo lo demás
(todo
lo
de
más)

no
haya

funcionado:

TEORÍA DEL MOVIMIENTO CIRCULAR:

## SOLUCIONES MECÁNICAS
### («*FIVE O'CLOCK TEA*» *UPDATED*)

Pálido-rubio (como bien
suponemos gen canario que *pálido*
responde): «Concomitancias/militancias
tuve, sin objeto: materiales caducos
    para estar»—

Pálido-sucio (como bien
suponemos perito automotriz):
grasa, poros negros de grasa
de las máquinas: espalda macerada
por horas de tensión-tendido
bajo carros. «Concomitancias/militancias
tuve, sin objeto: materiales caducos
    para ser»—

Tardes en que no tiene
qué llevar/ tardes en que no tiene
cómo hacer (vestir, de manos sucias)
familia numerosa y pedigüeña.

«Mis respetos son hambre: mis ingenios
no tienen concesión»—

Pálido-sucio, bulto-en-peso levanta
(muestra) sobre la mesa: (hacina de) papeles
honorarios diplomas honorarios fórum de
ciencia y técnica honorarios papeles
de reconocimientos.

Cansancio secular
(siglos) de explotación ¿y aún
hay tiempo a la risa, señor Luis?
¿Aún hay tiempo a la risa?
Sus modales son héroes: su cortesía
corta respiración artificial
de clases superiores.

Decir:

  *Este es el trato: renuncio*
  *(por ahora)*
  *a la inscripción punzó*
  *y que mañana pues, el sol*
  *salga*
        *por occidente—*

no ha lugar.

Pálido-rubio-sucio (manos-de-grasa)
volverá como niño
(día siguiente)
al ruido
del
motor.

# RÉDITO

«Clave _____ y **Resolución No.** […]:»
«Díctase, en el límite de sus facultades y competencia»
[sobre la] «explotación sostenible de la superficie agrícola»
> *(Acato a Dios y aguardo recompensa,*
> *acato a Dios y aguardo...)*

«[a temas de] <u>confiscación</u>, y <u>efectos</u> <u>similares</u>», [que la]
«pérdida del derecho» [y así también la] «[ídem,] de
posesión»
> *(que Juan colono... que Juan colono, el padre,*
> *que diole de comer a los rebeldes...)*

«[ante el] procedimiento de revisión» [a la] «unidad de
producción agrícola» [nombrada] «<u>La Piedra</u>», [con] «área
de 17,17 ha [equivalente a]»
> *(que el producto en volumen...*
> *que el producto en volumen    era histórico...)*

«1,283 caballerías y 283 mil [milésimas] de otra» [de la
que] «propietarios [son] Juan, Félix, Edita y Joaquín,
[y distribuida a razón de]»
> *(que Ud. fue el buey...*
> *que Ud. fue el Buey-de-Oro...)*

«2,75 / 6,70 / 1,29 y 6,44 ha» [respectivamente, en la que se hallaron de modo fulminante] «29 plantas de [ilegible…] en referido predio rústico, [y en virtud de que habiendo]»

*(que te dejan con dos… que te dejan con dos*
*cientos    a la redonda…)*

«fallecido Félix, hermano» [de los restantes nominados] [queda de su parcela] «responsable Marvelio Mora Quesada, hijo de este, [se procedió a dictar]

*(que por acto de pocos… que por acto de pocos*
*pagan mal…)*

RESOLUCIÓN CONFISCATORIA».

«Obra en el <u>expediente</u> [ídem] dictada por _____ Instructor Penal».

«Obra en el [<u>ídem</u>] Dictamen Legal que la resolución se ajusta a derecho [y a motivos de falta de] autoinspección»

*(que con uñas y dientes… que con uñas*
*salvar la tierra hay que…)*

«[de la propiedad en usufructo]» [ante lo cual] «el <u>procedimiento</u> <u>de</u> <u>revisión</u> [queda] declarado SIN LUGAR,

como [resultado] de las pruebas practicadas [en la] unidad indivisible o predio rústico». [Por lo que,] «en el ejercicio de [sus] funciones [y atribuciones] conferidas»

*(Acato a Dios y aguardo recompensa,*
*acato a Dios y aguardo…)*

«la presente entra en vigor [a partir de la] última fecha de notificación», [y se declara] «a los presuntos herederos [de Félix]

*(que el bicho lo olvidó…*
*que el bicho se olvidó de su apellido…)*

NO PROCEDE recurso alguno» [contra la misma] «en la vía administrativa ni en la [ídem] judicial».

«[Comuníquese] a cuantas [personas y entidades]
proceda —naturales y jurídicas—»
> *(que el abogado no... que el de oficio*
> *no pudo resolver...)*

«y [archívese] el original en el protocolo de
resoluciones...»

---

X.        X.        X.

> *(que el patrimonio en masa...*
> *que el patrimonio en —ídem— se perdió).*

# CABEZAS TRUNCAS

## LA ENTREVISTA
*(The truth <u>still</u> continues there)*

—Entonces, ¿qué es un instituto civil?

—Son aquellas instancias de lo real que figuran como representación de un proceso ordenado en concierto de todas sus partes… Aunque, por lo común, no todos llegan a compendiar tal correlato…

—¿Y tienen validez figurativa?, quiero decir, ¿son cabalmente *reconocibles*?

—No hay manera de saberlo... Pero podríamos realizar un ejercicio: supongamos que desde una posición determinada (y, en lo fundamental, bien confusa a la vista) Ud. ve naranjas en ese frutero, y yo, en cambio, veo cerezas. En ese caso, ¿quién de los dos tiene la razón?

—No veo el punto.

—Todo depende del lado que Ud. ocupe en el momento de la observación. Si presta una atención *interesada* en hallar diferencias, tendrá que lidiar, tarde o temprano, con el concepto de representación del que hablábamos antes…

—Prosiga, ya me interesa.

—¿Pueden pensarse dos ángulos de un cuadrante al mismo tiempo? No, y supondrá que, llegado el caso, se podría destinar igual correspondencia a la figuración de lo real, tal y como se aplica en ciencias matemáticas.

—Cierto.

—Y luego, según esa correspondencia, se llegará a un punto en que haciendo un movimiento imaginario de traslación entre un género y otro (lo real = instituto civil), el pensamiento se ocupará de extremar el análisis hasta el proceso ordenado en concierto de todas sus partes...

—Ahora lo veo.

—Y mirando el proceso, hallará una sentencia y una culpa; un pacto no aparente, pero sí lo suficientemente articulado entre tales nociones (*realidad*, *instituto*, *ordenamiento*) como para detectar, en esa analogía, el germen de todas las instancias de la verdad.

—Está claro. Y con ello, el nacimiento de un emoción desapacible...

—En efecto. Ese matiz es casi inexorable si no se manipula con lucidez. ¿Ha visto Ud. cómo bullen las marionetas en el guiñol ante la perspectiva del mecanismo? ¿Cómo gritan, cómo se *desesperan*? Allí todo termina en estropicio: un exabrupto hoy, un pataleo, y aseguran mañana, para escena, su puesto en entre mediocres...

—Necios de feria que no entendieron nada. De madera han de ser...

—No. El problema es cómo *ver* la cifra oculta del objeto de estudio. Cómo saber que está *ahí* esa relación, frente a nosotros, trascurriendo sin el menor esfuerzo, y con trazas de seguir, a todas luces, siendo representada. Y, sobre todo, cómo asumirlo.

—Sí, pero el efecto desapacible puede hacer de la experiencia un trayecto de percepción luctuoso.

—Ya eso es harina de otro costal. Ahí el caso termina, por fuerza, en una gramática de asentimiento (subrepticio, pausado) en el que cada uno es su propio sacamuelas, y está solo frente a dos actos, tal vez incompatibles entre sí: sonreír o bufar.

—Siempre es mejor reír.

—Pero si adoleces de bajos niveles de absorción es difícil llegar a la risa. Y la risa es el verdadero reto. Solo quien logra sonreír frente al resultado de su pesquisa es capaz de pensar el proceso a plenitud, como el que observa un despliegue de formas en el campo de representación de un caleidoscopio.

—O sea, que la risa tiene que ser definitiva.

—Si no es definitiva, no es verdadera; si no hay reunión extrema de elementos en la composición de una pieza cuando se está al nivel de su resolución, entonces, todo lo visto ha sido puro arbitrio.

—Y en el arbitrio no hay proceso ordenado posible.

—El arbitrio es la falsa percepción de los institutos. Y ahora, habrá de convenir conmigo en que, naturalmente, la verdad *continúa* estando allí...

—Por supuesto: la verdad todavía *sigue* allí.

## EL TEXTO VAGO:
## UNA PRUEBA CONTRA EL ABURRIMIENTO
### De cómo avanza la escritura
### siguiendo un ejercicio de funciones

(Entre tanto, y a falta de otros particulares de la Historia, el emisor <u>obliga</u> al consignatario-lector a ejercitar el argumento del fastidio [*Ärger*] reflejado en un punto: «Un lector heroico nunca se rinde; un lector heroico jamás cede a los instintos de distracción de la mente, tanto como Ud. —heroico lector— no aparenta signos de tedio frente al discurso hueco/vacío de la ideología». A guisa de «monólogo», para recitar 1) enérgicamente por un actor entrenado, 2) en tono burlesco-admonitorio pero forzando <u>siempre</u> al cansancio, 3) de pie sobre un sillón colocado al centro de la escena, 4) mientras se abanica la vista de izquierda a derecha, y luego viceversa 5) —y viceversa-viceversa—, 6) sobre el público).

---

Mientras todos esperaban al actor          precisamente       y pensaba       y justamente       así       durante veinte años

pensaba          que realmente          y no solo
     como solían decir          un intenso *trato*
*artístico*, [10]     como suele decirse,
al fin y al cabo,          no es otra cosa
imaginables,          lógicamente tampoco
lo mismo que     igualmente          con tanta
frecuencia     y precisamente también
     probablemente     siempre          y,
por consiguiente,     más que nada
dicho sea con franqueza,          otra vez
a mí mismo;     *solo ese ir de un lado a otro*, [11]
     una y otra vez,     incluso          pensaba
     por decirlo así,     *estado mental rescatado*,
     y a nada más,     como era natural,
porque, considerándolo bien          volvía a pensar
     por un instante     *una cena total-*
*mente artística*, [14]     como suele decirse,
*elegantemente desgastado*          esa *tal*
esa *tal*          esa *tal*,     y, al mismo tiempo,
ya por aquella *tal cosa*,     en seguida
pensaba     y, por consiguiente,
como pude comprobar          llegado el caso
     que en definitiva          por añadidura,
     pensé otra vez,     exactamente
(en el último momento)          totalmente
al contrario,     como suele decirse,
pensaba,     dicho sea sinceramente
entonces     *en el momento decisivo* [21]
más o menos a fondo     y finalmente *no*
     como pensé     realmente
tanto tiempo como es posible,          cuando por aña-
didura     en el sentido más exacto de la palabra,
     pensé     con espantosa regularidad,

lo que se llama un *tal cosa*,     una llamada *tal*
*cosa*,          en general,          y, por lo tanto
        aniquilan          todo lo aniquilan
        por decirlo así,          y especialmente
        ya diga que *tal cosa*,          de forma que
        más o menos          una y otra vez
una y otra vez          más o menos imbécil,
totalmente pequeñoburgués          lo mismo que
de repente,          el llamado seguidor de
        ridícula          y precisamente
pensaba          según recuerdo; [32]
totalmente extraordinaria          en la sala de mú-
sica,          totalmente ingenuo          en todo
caso          como puede verse,          sentado
        exactamente en el momento decisivo,
tengo que decirlo          excelentes farsantes,
        continuamente desvergonzados
fulminantemente,          pensé,          y, por
consiguiente,          en todos los casos
*también*          las llamadas sombras chinescas
        como suele decirse,          espantoso,
pensaba yo,          en definitiva,          más o
menos ridículas y,          absolutamente inútiles
por lo demás,          no podía describir el proceso
al fin y al cabo          como pude comprobar
decepcionado [53]          esa es la verdad,
        lo mismo que          de repente
y metiendo también una vez el rostro bajo el chorro
de agua          un asesinato moral,
mentiras,          con la mayor aversión,
todo estaba en contra          *en contra*          y
pensaba          o aunque solo fuera
pensaba,          no puedo decirlo,

y por añadidura          *despedazar*
como suele decirse,       apartado para siem-
pre          de lo que califico de *artístico*
en cualquier caso,        repulsivo
unas veces          y otras          según pienso,
          nuestro infatigable seguidor de
copista de          insoportablemente indigente
pensaba          fracasados [72]          pensaba,
          repugnante,          pensaba ahora
por decirlo así,          *pero no estaba conmovido,*
como queda dicho,          *realmente triste,*
pensaba          *una vida fingida,*
naturalmente,          cada vez más *adjetivo*
en cualquier caso          de repente,
por decirlo así,          al mismo tiempo,
falaces bufones de una literatura en su conjunto
como suele decirse,          una personalidad famo-
sa, [97]          con la que          decía
caemos en la trampa          una y otra vez
*repulsivas,*          de lo más fracasado,
sin embargo,          lo mismo que          por lo
menos          siempre          ridículo y vulgar
          realmente          incluso          se dan la
apariencia          un interés filosófico,          al
fin y al cabo          ha estado de moda
ni un instante de realidad, [118]          pensaba,
          *fundamentales,*          de ese saqueo las
mayores ventajas          y en fin de cuentas,
          enfermo totalmente,          en definitiva,
          al fin y al cabo          totalmente
en calidad de          en el sentido más exacto de la
palabra,          una cucharada de sopa
su papel favorito          *en el momento exacto,*

49

[127]        en general        algo totalmente
distinto,        luego        sin embargo
      una observación personal,        difícil,
      *totalmente evidente*        al fin y al cabo
      *una auténtica* tal cosa *de* no sé dónde        y
entonces        muy disipado        siempre
      por desgracia,        demoledores,
especialmente *adjetivo*        por lo demás,
*contemporánea*        al fin y al cabo
lo importante        tengo que decir ahora        y,
por decirlo así,        *ideal,*        pensaba
totalmente agotado [153]        como tengo que
decir,        en definitiva        aspiraciones
      aún        sobre todo        ya desde
el principio        demencial        carecen
totalmente de instinto,        pensaba,
en el momento en que        a pesar de todo,
      una y otra vez,        *en ridículo*
una y otra vez,        durante todo el tiempo
      y luego también        por decirlo así,
      *demasiado,*        es decir,
hace tiempo *etc.*        solo algo prestado,
      lo mismo que        al fin y al cabo
de repente        pensaba,        de for-
ma totalmente evidente,        *pavisosa,* [172]
      una y otra vez        al arte abominable que
se congracia con el *etc.* en calidad de literatura,
      funcionarios        con su complacencia
hacia el aparato del *etc.*,        una desgracia
fundamental        como tengo que decir,        a
ese *etc.* horrible y ridículo        en este país,
chusma de *tales tales*        pensaba;
repugnante        insulso        ridículo

con horror de mí mismo,     *mal gusto,* [183]

según pienso ahora;     sin embargo,

era verdad     una risa totalmente

vacía     en absoluto     no aprendemos

nada     un hermoso estado de indiferencia,

horrible     pensaba,     y

solo luego     *muy tranquilamente,*

una existencia *sonámbula*     sobre todo

*un genio* adjetivo *de primera,*     o, mejor,

de repente     *solo por motivos políticos,*

una tontería,     *en general*     apenas

está listo     en el sentido más exacto

de la palabra,     en cualquier caso siempre total-

mente     triturados     y por lo demás,

en su opinión,     probablemente

desde hacía tiempo     *realmente muerto,* [197]

ahora bien,     ávidamente

el arte del actor     ni una sola vez,

muy al contrario,     siempre

eso es     lógicamente     en definitiva

y por añadidura     pensaba,

esa verdad     en dos palabras,

más o menos     para decirlo claramen-

te, [211]     y en fin de cuentas,     y,

por consiguiente     incluso     y por

añadidura     *demasiadas cosas* [218]

continuamente     mientras que

realmente     como queda dicho,     y,

sin embargo     siempre     sin saber

qué,     *en seguida e inmediatamente*

*en seguida* e *inmediatamente*     y *en seguida,*

antes de que sea

demasiado tarde.

## LA LEVEDAD

«En verdad, se está bien leyendo a Camus». Y tropieza, de pronto, con la extensión: *¿El fin justifica los medios? Es posible. ¿Pero quién justifica el fin?*

La vieja (siempre eficiente) aproximándose: «Deja ya de pensar. En este tiempo, al menos, es absurdo. Tanto exceso mental te hace imperfecto».

«Pensar en la función de *intensidad*», dice, por el momento. Pero tal vez intensidad no es una lengua útil. En lectura de Camus se pregunta «¿cómo favorecer lo vejatorio sin cargos *in absentia?*».

Y sigue la respuesta: «Sobre cuándo abstenerse (y su porqué) ya se ha dado bastante y no ha servido, si comes tu tajada y luego escuchas la salmodia en sordina (horrísona, pastrana) de los sobrevivientes».

Eso, y lo justifica: «Aprende de memoria. O arrastra tus roturas mentales por asfixia».

## EN *OFF* (VENTANA SOBRE ENFERMOS)

Se producía un cambio en el recurso nuevo? entra *bienen-fermera* parte a cumplir misión república del hampa! movimiento del sí y movimiento del no o movimiento de leyes de mecánica donde la máquina instaura cada vez un modelo distinto de ecuación el resultado sin embargo es siempre el mismo la defensa alekhine adónde llega? caballo en f6? testa de complemento! tu silencio me pone testa de complemento comienza la rutina persecución-control esta que dice es mala y esta que llora es húmil sin paciencia se beneficia un cambio? se producía? quiere decir inútil para mí quiero decir se sabe que les sirve las pudendas de octubre las pudendas de marzo me parece que incluyen un café no te interesa? me interesa lo otro qué es lo otro? la cosa para sí del alemán el caballo en d5 y la variante lasker trabajando las negras en el centro empujan por la izquierda si los de enfrente se mudan para allí las tendrán malas malas zona de equitación zona de oreo conozco a trece mil de ese sector la esposa del gerente por ejemplo trabaja sin descanso día y noche sin contar

horas extras    trabajar por la izquierda    qué parece?
era su cumpleaños!    aprender a montar es estrellar-
se    alfil en f4 corta la diagonal    es tímido! jugaste?
no parece que quiera    aprender a montar es estrellar-
se    qué piensa el perezoso? dentífrico caduco a quarter
dólar? sé muy bien lo que dan con eso nadie puede    si
me llaman granujas no voy a contestar sé muy bien lo
que dan    suena el teléfono    las partes lamentables de
una vida    cuál fue la palabrita? cualquiera sabe déjese
usted llevar y ya verá    qué hay que ver? se sostiene? lo
dice o lo pregunta? dama por 8 jaque no sé lo que le dio
pero estuvo *depiesentado* en su sillita durante mucho
tiempo    hay que joderse neca pues yo no voy    hora de
prolongar hora de riego    ni una gota de sueño    se san-
gra no se sangra se sangra y se desmaya    ni una gota
de sueño! el muerto tomó sosa en la botella el muerto
quedó tieso por la cama de hierro    un fondo en desa-
rrollo? era mi tío    se disponía a pediatra lo partió lo
mezquino del s t g o    me subo en el aéreo    usted sabe
qué es eso? la certeza del cambio está podrida    el sín-
drome de ulises    la certeza del cambio huele mal    pe-
rros amaestrados y un número de sí cuentas pendien-
tes    algo más que decir? la certeza era verde y se perdió
viendo esa austeridad y calma de la historia contada
con desprecio    me bajo del aéreo    algo que responder?
aquí el que baila gana y el que no brinque es checo o
semejante    rey por d8 entonces las cubetas del agua
que no hay y todavía no llego es decir no aterrizo    se
beneficia un cambio? lactūca y cebollino! la llegada es
mental SÍNTOMAS COMO UNIDADES DE LA PSI-
COPATOLOGÍA Y SÍNDROMES COMO COMPUES-
TOS DE SÍNTOMAS QUE SE MANIFIESTAN EN LA
PRÁCTICA CLÍNICA lo creas no lo creas y lo demás

mentira    qué propones ahora? de nuevo con lo mismo?
moja a la mademoiselle y vuélveme a explicar de lectu-
ra de bernhard a las ocho y aquella de mrożek a medio
día    enroque largo jaque    modus dicendi ahorcado!
modus dicendi    en la vida corriente siguen jodiendo
igual    me pone tu mastuerzo hay que ver hay que ver
un modelo distinto de ecuación    al carajo lo otro    qué
es lo otro? usted sabe qué es eso? el señorito rai está
contento baila con su marimba una canción de amor
me toca no me toca me canso de lo mismo cualquiera
viene y dice lo que tengo que hacer    el señorito rai está
muy triste padece mal del cuore y larga depresión    a
cada rai su ser y a la giz su juanelo? pollos domestica-
dos el hombre de platón pollo sin plumas porque le dio
şàngó en zapatos plásticos al chico que nació para el
amor    el alfil por e6? regalitos así con la cabeza puesta
quiero miles    estado comatoso    el esfuerzo del mundo
es encontrar si lo quieres te doy    qué te parece? estado
comatoso    fórmulas matemáticas el esfuerzo del mun-
do es encontrar    fórmulas matemáticas almendras y
avellanas    no me vas a montar en la balanza    algo que
definir? cualquiera sabe y el otro en su pupila que lo
sabe cómo se llega ahí de forma que origina PÉRDIDA
DE CONTROL Y DESINHIBICIONES Y MIENTRAS SE
SUCEDEN CAMBIOS DE PERCEPCIÓN Y UNA DES-
ORGANIZACIÓN NEUROPSICÓTICA CADA VEZ
MÁS COMPLEJA a estas alturas un caballo en a5 no es
problema    luego dice el rey lear que él vive en cl de efe dis-
trito federal del s t g o    midtown midtown! el de efe no
existe quiero decir no existe en lo que llaman el s t g o
en un rango de diez yo también vivo ahí    cualquiera
sabe    la ventaja del otro es que no sabe y no sabe cuán-
to dura señor su rigor mortis es muerto caminando

pero lo desconoce   carece de sentido no dice oye ni ve satisfacción   de efe material cinco edificios y un barrio miserable de casas paralelas   el elemento óptico! y un barrio paralelo de casas miserables   lo viste? se cortó a este lo montan   ya me tienen cansado todo el tiempo cansado bien cansado cansado no da más   se beneficia un cambio? se producía? linda pero no tanto como un título así   en rédito las   dos puntos un momento señores   en rédito las alubias y un páramo de gente que no halla qué comer pero come   tengo eczema en el alma tú a qué te sometes? se vende todavía? el movimiento bobo de felinos con hambre   lactūca y cebollino   me prometes que vas a regresar? la puso de colores! mueven torre a d7 y la cosa no pinta nada bueno   siempre recuerda qué vaca es tuya   déjalo! me colgó   de qué estamos hablando? siempre recuerda lo que decir   para ser memorioso no hacen falta monsergas   así que dice me gusta esa canción de nicolás guillén me gusta esa canción de mirta aguirre   notablemente lúcido el paciente *notablemente* lúcido   los borrachos también son ciudadanos   por favor por favor por favor no ignores el mundo espiritual yo te digo condenándose están y mutuamente   no ignores el mundo espiritual   cuando empiece el cansancio te guste o no te guste el cansancio del brazo ya sabes lo que digo   caballo por d2 se está acabando esto   a qué hora se marcha perencejo? los borrachos también son ciudadanos! si montgomery burns deja vasta fortuna a un heredero si las alubias cápsulas de cianuro tornan a ser no importa me interesa lo otro   qué es lo otro? el de ayer en la noche? y en este asunto déjanse ver aspectos que resumen ESTADOS ALTERADOS DE CONCIENCIA ESTADOS DE CONCIENCIA ESTADOS DE como un pez en el hielo

y el idiota que sufre ahogándose de psiquis en su pena
menor    muchacho algo se agita por sobre tu cabeza
ẹiyelé y ẹiyelé tal vez una bandada    pero el desierto
crece el desierto moral y sus contornos mares en forma
destructora rabiosamente en forma destructora y ten-
drás que operar a iwapelé    si torre por a2 pártelo    se
quemó! suelta el pomo de pasta    ya fregaste? aunque el
viejo hacedor traducido en sujeto habló con las mujeres
primero a las mujeres y no sabes nadie sabe lo que eso
significa    veladamente me gustaría pensar veladamen-
te que usted se fue a la guerra y no sé cuándo vendrá
un elefante muerto por una pesadilla había dicho que
uno y ya van dos    a mí nadie me pone en esa condición
este rojo me gusta dice la incauta que es rojo-tomate
óyelo bien niñato sí tú zopo infecundo que TODO ES
FALSO HASTA EL ZAPATO ES FALSO EL QUE TE
PONES COMO EL LENGUAJE FALSO Y COMO TU
PUDOR NINGUNO EXPRESA CORRECTAMENTE
LO REAL NINGUNO EXPRESA EL ASUNTO CO-
MÚN DE LA FALACIA pero eso s'il vous plaît no me
sirve de mucho    el fin es prepararse para el medio? y
el medio quién lo instala? movimiento del sí y movi-
miento del no    se producía un cambio? república del
hampa! las blancas llevan torre hasta b7 y no hay nada
que hacer    el recurso el recurso se perdió la partida!
ese no era el final

        pero tampoco.

## EL ORTO

«[...] & aquí debió mostrarse un texto
—no incluido—
sobre el retorno (...) cuando (...)
                              la
                              sal
                              id
                              a (
                              ...)
                                        est-
                              el
                                        ar!


que usted no podrá ~~censura~~ »
que usted no podrá ~~censura~~ »
que usted no podrá ~~censura~~ »
que usted
                              no

## EL ORTO *(REMIX OB SOLEM)*

25.XI-04.XII.2016

El día de la noche del comienzo —en la avenida/ en la Gran Avenida— vi granos en bandejas y un grupo de borrachos (vestidos presentables) charlando como tal/ Tres músicos de Bremen (gorros y embalajitos) calculando las fechas de incidencia/ Un ítalo en arrullo a la doncella falsa en vestidos de rojo/ Otro más que de fechas sacara conclusiones/ —lo *normal* sin La Norma—/ Y en la cabeza en tanto/ un-solo-de-cajón/ como/ cavar la historia sobrequémuertoestoy cavar la historia quiénesdebemosla el nunc dimittis lamanoquenoes el nunc dimittis huesosquedando/ turba: sursum corda al canoro exultet «TELEGRAMAS»/ el dóctor ce is dead el dóctor ce (stop) avisen retamar y díganle que (stop) arrastramos la (stop) que no tendrá un (stop) que concluyó el (stop) incluso lo que (stop) él llama

*sobrevida.*

59

—Me parece que tienen un modelo de cabeza elemental.

—Objetos que no-piensan.

—Objetos que no-piensan, por doquier. Como puede apreciar, ya todo se ha perdido.

—Sí señor, tiene razón usted: ahora todo (cualquier cosa, en efecto) está perdido.[*]

---

[*] La mañana cualquiera, de mirar y mirar por la ventana. Lo que en rigor se llama (y con exactitud): *ejercicios de más sobre lo mismo.*

## EJERCICIOS DE MÁS SOBRE LO MISMO

Mirar
                              y
mirar
por la ventana
con el oído puesto en el momento
del roce elemental: la pregunta civil
del ciudadano.

«El *smoll talk* ha muerto», diría Nietzsche
viviéndose aturdido en una circunstancia parecida
(*smoll talk* ideológico).

De modo que esto solo funciona
en dos direcciones:

   el pensamiento sobre el pensamiento
   el pensamiento como una bola de acero sin cortar:
   dura, muy dura (atraviesa, sin embargo
            una pared).

Demoliciones.
El ejercicio de una imposibilidad: poner en práctica
aquello que es lo más difícil:
*soltar la lengua para una discusión campante.*
Pero (como también se sabe) —
de lo que no se puede hablar
mejor es callarse


    el pogromo es soberana paliza
    el pogromo es (por ejemplo) soberana paliza.


Pensar es otra cosa
pensar en una dirección específica: en la ventana—
como el turista aquel, el vecino-turista sobre el balcón
en un sillón de orejas reposado: otea, otea
sigue de largo
    (la cabeza ladeada).


¡No!
Se trata de <u>pronunciar</u> el silencio
decir algo que denuncie a LAS CABEZAS TRUNCAS
DE REALIDAD:


        *¿a qué se debe ese gesto idiotarreceptivo?*
                    (no responde)
     *¿a qué se debe ese tono acomodaticio frente a las noticias*
        *de última hora?*
                 (¡El Gran Estilo!
             No inferior, por supuesto
              a sus cabezas).


Luego seguir cavando:
la mollera da vueltas, y el pensamiento pierde
propiedades de dirección.

*Se han vuelto tarumbas* —me explica al fin—:
*privados de la capacidad de análisis, carecen de motivo
y son más bien* representados *que* representan.
*Pongamos que un problema de desconexión.*
*¿Entonces, ya está justificado?*

*¡Epojé!:*

hacer de la duda un estado
y de la inseguridad, certeza.

> (La personalización del instrumento ciego de la historia, frente a un personaje que la razona y deriva, sin éxito, hacia disciplinas llevadas a encontrarlo consigo mismo. En un ensayo de 1996, Richard A., escritor de apariencia alemana y posible origen carioca, explicó con exactitud delirante la llamada "personalización del instrumento ciego de la historia", a raíz de la muerte de un poeta ruso que había sufrido en vida semejante carnavalización de la maldad. El trabajo se titula "La modernidad que se contrae", y apareció en una revista de la época de poca circulación, tipo *zine*. Ya había escrito un año antes (1995) un poema de larga duración, en el que los actores son precisamente sujetos coaccionados por un complejo de miedo. Ese texto se llamó "Los rostros que me agasajan").

Pues bien, oigamos esto:

«La Ideología funciona *solo* como Invisible»

y ahora esto:

«El Sujeto y el Poder son una y la misma cosa».

(El sujeto (en minúsculas) es un *exsecutor* (etc.) de la máquina-ideológica-sin-sentido, incapaz de tomar una distancia irónica del modelo histórico-político para el que vive, y cuya importancia (de la distancia irónica, quiero decir) él no intenta ni siquiera entender. El otro (con letra capital, o sea, así:

# S

bien defino, en su Siniestro eStilo estato-hipócrita) es el demiurgo ideológico del asunto... Por consiguiente, el sujeto primero no es otra cosa que un patético-payaso, gracioso (cómo no, casi todo en el folklore es gracioso), pero sin fuerza para la ejecución de los grandes asuntos de la historia).

«¡*Autoritas, autoritas*!
¡Tal es el quid!», dijo el Doctor Angélico
    en la Abadía de Fossanova.

Pero por otra parte, ¿qué hacer con un inválido cerebral?

> *Digamos, por ahora*
> *que este particular (etc.) de nuestro análisis*
> *es fácil (etc. etc.) de explicar*
> —señala, apacible, mi vecino-turista
> y continúa:

> *Mire a la derecha:*
> *encontrará una masa de formas desesperadas*
> *pero privilegiadamente ataráxicas. Ahora*
> *mire a la izquierda: encontrará una masa de formas*
> *desesperadas, pero privilegiadamente ataráxicas.*

*¿Conclusión?*
   *Todavía no hallamos ninguna.*
   *Bien: se lo voy a poner más fácil: ¿qué*
*sensación le causan esas que hemos llamado aquí*
*«formas ataráxico-desesperadas»?*

No había manera de contestar.
Esos seres biológicos me habían causado siempre
una impresión grotesca. Los hallaba tullidos
por sus proyectos de (in)movilización física y demás.
Porque en el fondo todos, sin excepción, están
*realmente* enfermos.

   (La marcha irreductible del proceso, o la historia
   del hombre contada por sus torpes conatos de
   reivindicación, hacen de la actitud del individuo o
   bien un sujeto comprometido, o bien un impostor
   que participa (siempre a regañadientes) de un
   proceso que no ha sido puesto en marcha por él,
   sino en su nombre. Este último es más conocido
   en situaciones técnico-militares (*autoritas*:
   donde existe, en efecto, la *autoritas*) en las que
   la utilidad de lo común es mayor que el interés
   individual del sujeto. La actividad, por ejemplo,
   de la masa (locución que describe *toda* la sociedad)
   desplazándose en cuadro por la avenida, es el mejor
   *exemplum* de que las cosas marchan de la mejor
   manera).

   *Aun así no dejan de ser interesantes*
*tales figuras* —acepto con fastidio—. *Es algo más*
*asqueroso/enternecedor que cualquier otra cosa.*

De pronto, a mí me da un «efecto» llamado SAG:
el síndrome de ansiedad generalizada.

(El síndrome de ansiedad generalizada suele ser una de las manifestaciones del estrés o *stress crónico*, cuyos síntomas más comunes son el insomnio, el nerviosismo, la impaciencia, la bulimia, la timidez, la locuacidad, el tartamudeo, la hiperhidrosis, la bromhidrosis, e incluso la irritabilidad y falta de concentración-atención. La ansiedad generalizada se registra cada vez con más frecuencia en momentos de oclusión, o en el desarrollo de situaciones inconclusas, provocada casi siempre por una imperativa necesidad de autorrealización personal: el acto mismo de mostrarse como en el principio de una *esquizofrenia desorganizada*, manifiesta, mejor que cualquier otra cosa, que se vive bajo tal efecto).

*En verdad, no es para mí una sorpresa*
*en ningún caso. ¿Y viven realmente estos <u>actores</u>?*
—pregunto.
*Se supone que «viven»* —concluye—
*pero pienso que no. Lo que se resume en tener*
una-existencia-prestada. *Balbuceos periódicos*
*y nada más.*

De manera que en jornada de *smoll talk* y ventana varias veces le dije al vecino-turista:

*Sin duda tendrá usted una opinión definitiva*
*sobre este conjunto de fantoches.*

Lo que ciertamente indignó
(la insistencia, quiero decir) a mi vecino.

De modo que al final, el vecino-turista
se levantó, hizo un mohín de asco

alzó la cabeza contorsionando el rostro—
y (también él en estado de SAG)
marcando las sílabas—
una y otra vez, dijo:

> *¡Está bien, está bien*
> *basta!*

como cuando ya no se tiene
qué decir
           y no contestó.

## SOBRE LA EXHIBICIÓN DE LA RAZA PÚBLICA

La así llamada, «marcha irreductible del proceso», o masa-deslizante-en-cuadro-por-la-avenida, tiene dos contingencias fundamentales que la crónica universal estima *obligatorias* para entender la suma del proceso, y que, por su parte, nuestros empleados-historiadores de las ciencias sociales no han podido advertir:

1. el sujeto que va al centro en la segunda fila, tiene una mano puesta en el trasero de la señora que lo antecede, y con la otra (*solo* con la otra) agita fer-vo-ro-sa-men-te una banderita nacional

2. el militar, en el primer descanso de su bloque, se quitará la gorra de servicio, se enjugará el sudor con un pañuelo y dando un gran bostezo —en un esfuerzo final y apetecido— aparentará su *estar* en-el-programa...

Claro que, en rigor, nada de esto fue correctamente «visto» por el ojo de la cámara puesta en función para la escena. Todo lo cual sugiere un excelente rumor de falsedad, como el sonido de la bota que aplasta a *esa* cabeza contra el asfalto frío.

## EL DIFERENDO:

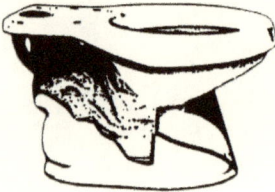

Y el de la cabeza ladeada (oteando, sin saberlo, sobre una propuesta todavía indecente) pronunció:

—Mire a la derecha: encontrará una masa de formas desesperadas pero privilegiadamente ataráxicas. Ahora mire a la izquierda: encontrará una masa de formas desesperadas, pero privilegiadamente ataráxicas. ¿Conclusión?

—Todavía no hallamos ninguna.

—Bien: se lo voy a poner más fácil: ¿qué sensación le causan esas que hemos llamado aquí «formas ataráxico-desesperadas»?

## EL SUJETO CRÍTICO

—Ese es el sujeto que necesitamos: el sujeto crítico.

Puño
o
     mordaza:      (otro buche

   más

       otro buche
       de sangre

            en la
            ecuación):

no discute no inquiere no habla en cualquier parte
cualquiera sea el menú de la conversación sabe más
de lo mismo sin motivo se conduce discreto comedido
obediente camina todo el tiempo con la cabeza baja y
baja también la voz en las gradas vacías marcha codo
con codo donde hay sombra entona en dos por cuatro el
himno nacional suelta a regañadientes la letrilla ideoló-
gica de turno tiene su parentesco pero no lo pronuncia

también tiene opinión y no la dice es el perfecto cándido es el bufón rastrero de los alrededores sabe más de lo otro sin modificación se mira se contempla sosegado a resguardo mientras no diga nada que lo acuse prefiere mutilarse antes que ser audaz vive en el lado opuesto a sitio-gallardía no quiere ser un héroe nada tiene que ver con decisión es solo una cabeza que padece de abulias la épica le causa náuseas caliginosas enseña a su familia a no ser el primero pero tampoco el último maneja con cuidado cada sílaba abierta se guarda las cerradas para cierta ocasión es el no no sí sí de los ordenamientos es el gran degollado el gran malabarista el policía sin serlo de las observaciones lo quieren/necesitan ministros y asesores lo necesitan/quieren los que saben hablar pero en voz alta se inclina retrocede sonríe abre la boca y pronuncia su sí claro que sí por supuesto que sí y grazna su optimismo reluciente y mueve el maslo de cerdo sometido y actúa siempre bien según medida como piden que sea la representación porque no se perturba no se extraña no siente y no tiene sobre todo

nada
que responder.

Es cierto señor Márai: un tipo sin preguntas nunca será un sujeto acusador.

## SALA SIGLO xx: *GARBAGE*

La
mano
de un obstetra
estirando
(con sorna)
residuos
de un feto
(amputado)
a la basura.

Y allí
(como en
el-e-je-r-ci-c-io
de un mudo
que intenta
parlotear)
el proyecto
de
las
r-
evoluciones.

*LA NOIA (REMIX* CON VENTANA)

Y puntual (como pacto de logia)
la ficción de un proceso baldío—
cerrar con firmeza y decir:
      —Devastados!
(con el ojo en concierto de herrumbres
y las vacas pastando en su prado).

# LECCIONES 1, 2…

1

Un valor (equis)
es siempre propiedad de un objeto (cualquiera).

Una puta es un objeto (cualquiera) devaluado.

Eso, ya lo sabíamos—

(Un poco de memoria. Preste Ud. un poco de memoria).

Sea el valor X = «en el fondo, esto que has visto
no soy (realmente) yo»
(o alguna otra cosa por el estilo) —
y el sujeto que sostiene (P) como actuante y figura
(es decir, *objeto*)
de la acción.

Así, del *modus ponens* (norma aristotélica)
extraemos:

Si p, entonces q

tenemos p
por tanto:

_____

existe q

Lo que indica (en este caso) que
                nuestra P (siempre fue) = X

Un poco de memoria. Preste Ud. un poco de memoria:

véase al dúo
que supone su exceso
en estanque
        de madera—

Preste Ud. un poco de memoria:

mientras yo
parcelaba tu juicio en el ridículo emocional
(migratorio, porque ya no importaba)
en el golpe de un labio contra otro:
semejante mucosa comprendida en centímetros
de lengua/ de algo glutinoso
como engrudo—

Pero,
¿dónde con seguridad está el valor?

**Devaluado.** Del sustantivo *devaluación* (concepto
    de la RAE): acción y
    efecto de devaluar.
**Devaluar:** Rebajar el valor de una moneda o de otra cosa/
    depreciarla.

**Devaluatorio.** Perteneciente o relativo a la devaluación.

FIN DE LA LISTA

(Lo que exige
un nuevo estudio
del principio

o sea):

Un valor (equis)
es siempre propiedad de un objeto (cualquiera).

Una puta es un objeto (cualquiera) devaluado.

Eso, ya lo sabíamos—
perfectamente.

## 2

Estirábase el pelo con chocolate, lo alisaba. Es decir, con crema de (ídem) acondicionador. Y ponía solemne competencia sobre lo culinario. Amatoria de un modo dominante, sabe emplear su casta lenguaraz: punzante y en directo, con la insolencia que reproduce en horas de labor al moverse entre efectos de cocina.

—Un objeto bien alimentado, aun de lengua difícil y hosco estilo tonal. Solo entre colegas se promueve con perfil de nobleza; pero al siguiente instante es capaz de saltar como chispa picada en ignición. Tampoco es de extrañarse: casi nunca se orienta en los semáforos, o bien pierde el sentido en planos físicos y rutinas urbanas, por su grado elevado de desconcentración. Cierto que porta un genio incorregible, pero de cualquier modo, resulta provechoso a la psicología conductual verla hacer gestos duros al menor incidente negativo.

3

Ya te habías ido antes
o estabas por hacerlo      antes del importuno:
el cardenal (estándar)
y un pensamiento hueco
en modo occidental.

Pensaba en ese entonces
en cortes de pelo/ córtex
de cabeza
en posibilidades adquiridas: la forma del lenguaje
por ejemplo, o el estilo común
de ausencia de contrato
(y cabezas ganadas)
como resolución.

   (En efecto: muy lejos en total, y por la contin-
   gencia Santa María *beach*, había un aire frío y el
   fárrago absoluto de hambre vieja —mezquinda-
   des adentro, zonas de compromiso, algo sin avi-
   sar—. «¿Harías una foto?», según iban pasando

horas como camellos en la arena indolente. «¿Te
permites un rato de vecino?», como quien dice
*labras por donde pasas, pero no demasiado).*

Pues bien así. Tal es la condición
de un *full*-viandante:      sostenido de siempre
(privativo!)
maltrecho por tres horas
y una mañana entera sin probar/ sin saber
dónde poner la mosca
la estufa
                que pica
toda
-vía.

(Un poco al aire libre. De regreso, pasar por
donde pronto montan de maravilla «bistec a la
redonda y pollo al no-sé-qué» con cuatro letras.
El mesero mirando de corrido —El *garçon* y la
cuenta pensando en mi silencio provechoso).

Baba blanca y visible
que no vi:      valva expedita
y grajo en tendedera—
con dos soles pagados
y uno negro
abierto en posición, a la malacia:

MO-CO-DÉ-BIEN-VE-NI-DA

en la mano en la mano!
anáhuac dominante: la mahomía a bien
de los adictos/ los mal <u>in</u>tencionados/ los perfectos
tensores de cualquier dirección.

(Pero eso fue entrevisto
el anterior:
luego me vi de nuevo
en lo siguiente
                    —Santa María *beach*—
a paso doble-corto).

Hoy lo ves:
he podido arrancar con una treta
en la que explico
                    al fin
mi signo antropofágico de *donne*
y cierta condición
no aclarativa
por deudas de emigrados.

Ya no quedan cantares: ya las cosas
zanjaron
                    como nuevas.

Y tener que decir
(en tono
Rastignac):

                    «A(h) la Madame La-Fer
                    señorita de bailes de meseta:
                    lo tomarás a bien

                    nos veremos las caras».

4

(Paso por el

La señora de cuello concentrado
me dice que no hay cartas
al coronel P. Blank.

El coronel
se sabe
      no
      tiene
      quien
      le
      siga).

## UN MOMENTO DESPUÉS DE LA DESIDIA:
## EL GRAN ABURRIMIENTO

Punto:

      y se acumula
      el cansancio de la escena:

               «hombre solo vale menos
            que perro en la colina»—

—¿Tienes cómo medirlo
        exactamente?

Punto:

      y se acumula
      el cansancio de la escena:

               «hombre solo vale menos
            que perro en la colina»—

(A medianoche
con el aire evidente

de lo mismo
atravesar la calle
subir las escaleras
y empujar).

Ah, sí.
En el día
del Gran Aburrimiento
(a la hora
del
degüello
en la que
no
llegaste)
todo
lo que hice
fue
pasar
por ese sitio
donde
SE LIMPIAN
CALIBRAN
COMPRUEBAN
BUJÍAS—

*PASSIM*

## MÉTODOS NO

a cuánto asciende
una garrocha trepadora?

cómo tiene lugar
la indefensión?

se parece un prospecto de receta
a un mal dubitativo?

pasaste de la raya
pero no te vigilan?

qué nostalgia de olla
merece comentarios?

cuál de las dos maneja
un aire de miseria   la vieja o la que sigue?

por qué la enhorabuena
no es continua   por qué (a)sí la escritura?

cuáles pecas te bajan
a otra parte?

tendrá su cometido
un tonto paganini?

trenzas con la vecina?

el mamarracho sabe
lo que dice?

cuentas aún con suerte
de criterio?

dónde piensa que va
el pícaro bisoño?

será iluso apostar al defectuoso
o prefieres notar la diferencia?

me siguen agobiando?

me llaman cuando empiece
el *sitcom* de revista?

la vieja se proclama
doliente del in situ?

qué signo lleva a un loco
hacia otro lado?

martini o vocativos?

se reporta en un mes
el hijo perezoso?

la vigilante impropia prodúceme inquietud
basura en mano?

qué aroma de color
se acaba cuando empieza?

quién le pone su freno
al parlatorio?

colega de cartón?

taller de provisiones
para diógenes *illness*?

hasta qué punto
pingüe pitonisa?

decoro por estufa?

escapósele el tren
a pechugona?

el adivino guarda
sus principios menores?

cómo se estira un pie
de cerdo muerto?

*beehive* a colación
según beoda?

cortés sin sacrificio?

a calentar el agua
en óxido arqueológico?

se conforma una enana
tal y su amigo el bobo?

el diez o diez y ½?

materiales bovinos?

porque el Viejo Hacedor
ocúpase del resto?

el más gordo se mueve?

sale bien?

hay modo de talar
su verborragia?

qué detiene al non grato
a media puerta?

caso varicocele?

se escribe un *tour de force*
en seis semanas?

infección o turgencia
en el globo derecho?

el hueso negativo?

un quiste mal habido
se controla?

el sacerdote en paños
termina lo que empieza?

adolece de fiebre el sibarita?

qué sintaxis de qu-
propone movimiento?

regordeta con dotes
de reforma?

y cuántos cubos caben
en metro de barril?

## PAYS D'OC (INDICATION GÉOGRAPHIQUE PROTÉGÉE)

Hacer, por ejemplo, unas lecturas. Había, a la altura de lo que parece una escalera, en la mañana, la necesidad de unas lecturas. Lecturas necesarias: el día sábado. En el día sábado: hacer *esas* lecturas. ¿Ashbery? ¿Pound de-la-escena-loco-sin-solución? ¿El libro con la radiografía del cadáver? Las necesarias. Después (sábado, pero sin abusar de la bondad) saltar hacia lo blanco. O mejor: graficar (trazos trazos, grafía) sobre lo blanco. Es entonces que comienza… la escritura, pero de una manera singular: al correr de (¿la pluma? ¿la grafía?). Lo que quiere decir ex-ac-ta-men-te: *velocidad*. La escritura como velocidad sobre lo blanco (¿correr, por ejemplo, de la pluma? ¿correr de la grafía?). Pensar en el llamado *horror vacui*. Sobre lo blanco entonces. Lo que quiere decir: comienza, porque ya han sido dados (tinta, tinta y también… el pensamiento), y mientras, en la mano

un *bicchiere di rosso* de Baron de Rothschild.

## EL AMA DE CASA METÍA ACEITUNAS
## EN EL RELLENO DE UN PASTEL GORDO
## (GRADO PATOLÓGICO DE LOS RASGOS
## DE LA EDAD DEL TECHO)

(Esto comienza con el asunto de
la
    es
        ca
           le
              ra
                ).

Primero: pared blanca. Del *Cantar de la hueste de Ígor* al *Cantar de la hueste del pájaro dulzón*, asomado al polímero de la ventana.

(¿De Ígor, hijo de Svyatoslav, nieto de Oleg?, ¿o el *cartoon*-muñequito con su malanga *in testa*?).

—1 escalón, 2 escalones, 3…

                y sucesivamente!

Segundo: la pared (desconchada) que sigue la escalera por donde está el polímero que el pájaro molesta.

(Ese movimiento imperceptible, o casi, entre la balaustrada —inexistente— que lleva al tercer piso, en techo de cemento, con algo de leer en la derecha:

*La vie en rose? La vie magenta?*
¿El retrato convexo del *pazzo* americano?

—1 escalón, 2 escalones, 3…

y sucesivamente!

Pero sigamos…).

De la *Gramática del asentimiento* a la *Gramática de la forma blanda*, que resulta, a fin de cuentas, extensión de lo mismo.

Porque, hablando en concreto —con la rugosidad de una pared sin fino—, se tiene (frente a la escalera) la conciencia en

de$_s$

co $^m$
PO!

$^s$ $_i$

ció$^n$.

Y [sic] queda el registro sin apenas mirar a lo que (tal vez) sí (que) se desecha…

(Recuérdese, por cierto, a Mr. Gógol —Nikolái Vasílievich, *Dead souls*— y su presión por la escalera frente a la extremaunción: el clérigo en lo suyo y el escritor fijo en el aparato…).

—1 escalón, 2 escalones, 3…

y sucesivamente!

Del *Cahier d'un retour au pays natal* al «Cuaderno [in-édito] de notas sin asunto» (o «Larvarium») (del *magister* conocido por P. Blank) donde se lee aún:

«Y usted, ¿tiene personalidad?».
«Y en verdad: ¿quiénes son los cretinos?

El mirador de vidrieras

»subraya el texto: _____  ___  _____
»sí,                    <u>subraya   el   texto</u> .

»Y anotar (enseguida) una idea:

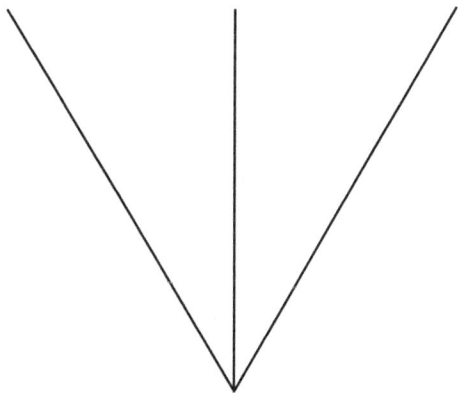

"«Brotes», según me explica personalísima S., corriendo el dos del año dieciséis".

(El problema es *qué hacer*, después, con todo eso...).*

—1 escalón, 2 escalones, 3...

y sucesivamente!

De *El mundo como voluntad y representación* a *El mundo como perversión del bienestar* y otros dislates que, por supuesto, dan (en) qué pensar...

Y el ego que lleva una idea desatada entre los dientes, puesto que el escritor:

«[...] un sibarita que sabe descansar y gusta de lo bueno, pese a tener pasiones intelectuales...».

(«Larvarium», folio 12, junio 27).

(En el «Cuaderno [inédito] de notas...», se anotan frases sueltas de célebres cantores:

G. P. Lewis: «Adoro mi tinaja».
Rexroth: «Hemos pasado nuestros mejores momentos a expensas del contribuyente».
Strindberg: «Falso, como un orador oficial».
Magris: «[...] como si hubieran sido colocados en su sitio, pero no demasiado, cuando los niños se han ido a dormir»).

---

* Subrayar el texto... S., que milita (¿habita?) en tales menesteres astrológico-adivinatorios, asegura (con «Brotes») una tal energía de renovación, de nacimiento, que no cabrían señas de suceder contrario. Pienso ahora (pensé entonces, pensé): el techo y su descomposición. Subrayo el texto: el techo y su descomposición. *Brotes* (¿se ven?) en-la-escritura, en el gotear constante... ¿hacia arriba? (*Vid. supra* la grafía correspondiente al signo).

—1 escalón, 2 escalones, 3...

y sucesivamente!

De los *Escritos de filosofía de la historia* a la *Filosofía de la cocción del córtex*, a causa del esfuerzo.

La escalera es mental (¿real? ¿in-igualable?). La escalera es real. La Escalera Real de un sistema de fe: sistema de escritura.

Digamos que mi fe también es
(¡muévese!)
hacia-el-lenguaje.

¿Escala del lenguaje?
¿Y por qué tendríamos que darnos a estas cosas?

—1 escalón, 2 escalones, 3...

y sucesivamente!

De *La ideología alemana* a *La ideología in(di)visible* que, si bien son una las dos, HAY QUE REVISAR, HAY QUE REVISAR HAY QUE REVISAR...

Veamos:

el descendimiento. El genético descendimiento. El genetismo de la ideología...

O (en otras palabras) la forma del árbol de Porfirius:

el rizoma y el *arbor*
(entiéndase: jengibre, por ejemplo)

y las derivaciones
de la masa craneal:

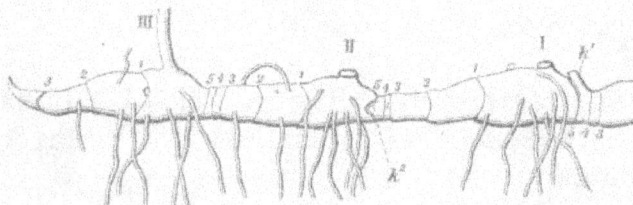

Estudiemos el caso:

Esquema del rizoma de *Polygonatum verticillatum*.
I y II señalan el crecimiento de los dos años previos;
III señala el crecimiento actual. Los números arábi-
gos (1, 2, 3...) indican el nudo o lugar donde se halla
cada catáfila u hoja modificada; los espacios entre
los números son los entrenudos; k1 y k2 indican la
posición de las yemas axilares inactivas.

Ahora responda, por favor, (a) estas preguntas:

1) ¿Se aburre usted?               sí ___   no ___
2) ¿Siente deseos de escupir?      ídem
3) ¿Tiene náuseas?                 ídem
4) ¿Padece de una galbana incurable?   ídem

(Piénselo. Piénselo. Esto no es la *Gesamtkunstwerk*. En
modo alguno. Aunque así lo parezca...).

¡Pero cómo!? ¿El oyente-lector tiene pretensiones? ¿Y
dice que el discurso debe ser comprensible?

¿Se entiende
lo que digo? Pero, en serio, ¿el discurso
debe ser...
C O M P R E N S I B L E ?¨

¿Y la escalera?, ¿dónde está la escalera...?

—1 escalón, 2 escalones, 3...

y sucesivamente!

Del *Breakfast of Champions* a la *Merienda al sol* [sobre el techo] *a medio día*, y el ama (de casa) que está arriba esperando y diciendo lo mismo.

Así que dice:

«Merienda ,,,,,,,,,,,,,,,,,,,,,,,,,,,,,,,,,,,,
,,,,,,,».

(El oyente-lector supone —como yo— que trátase del [famoso] *pae* gordo relleno de aceitunas... Pero, francamente, no veo el pastel por ningún lado.

Se supone que bebo un *bicchiere di rosso*
se supone que bebo un Baron de Roschild...).

---

¨ La escritura (más bien la «idea» o «deseo de»), hasta ahora (auto) consciente, toma (sin pretenderlo) forma ininteligible y desorganizada. Así el texto *ocurre* (¿sucede, ha lugar?) por voluntad de «representación» y no según mandato de acontecimiento o semejante. *Scherzo* o noción de juego: <u>parlotear</u> EL GRAN ARTE, hacer chunga de esto y (también) estotro, según las circunstancias... Aunque —cierto es que— el asunto del techo es gravedad, y tiraniza sentidos del escribano (¿lo haría, finalmente?), lo que <u>podría</u> «obligar», en cualquier caso, a refrendar la historia... (¿Lo haría, finalmente, a pesar de? *Vid. infra* corolario/ texto de marras).

—1 escalón, 2 escalones, 3…

                              y sucesivamente!

Del *Libro de las mutaciones* al *Libro de la destrucción
del esfuerzo prolongado*, que me recuerda (¿sin ilusión?)
que el techo

                  se
                        es    tá

                                    ca
        yen

                                    do

por antigüedad.
¡Y todavía subo la escalera!

(En realidad, la gorda perinola —ama de casa— señala
lo siguiente antes o después del acto de gritar:

        «¡Cuidado, cuidado con…
             LOS GOTERONES LOS GOTERONES!»

Algo sobre lo que cantar (y vivir) de-la-mano-a-la-boca:

        splash
                s p l a s h
                        s  p  l  a  s  h ! !

Algo sobre lo que cantar (y vivir) de-la-mano-a-la-boca:
subir y oír los goterones
bajar y oír los goterones

*again*

              *and again*

*...e via dicendo.*


Y en este punto recuerdo mi trabajo
y vuelvo a la escritura...).


Escuchar los consejos de Pepe K. el semita:

            no cantar, escribir
            no vocear, escribir
            no *parlar*, escribir


mostrar la oca:

     «El pájaro Hông avanza despacio/despacio
     por la orilla del río»


con su línea que dice, para tu signo *K*ien:

= 53, a la pregunta migratorio-asertiva.
(Primer seis).


Luego dice (en dispar):

     «Pueden utilizarse dos escudillas
     para el sacrificio»


         (¿y quién
         responde
         a eso?).

Del «Cuaderno [inédito] de notas...»: «Pero sto es, x supuesto,
1 disparat, y 1 nunk sab hastadónd pued llegar 1 disparat».


—1 escalón, 2 escalones, 3…

                                    y sucesivamente!


¿O lo que queda es también

                            un disparate?


Lo que queda es más bien
un goteo y dos más
(a la sombra de muchos)
sin el ama (la gorda
perinola) de casa
metiendo bolitas de aceitunas
en el pastel de arriba
frío ya
que el título
advirtió


        —1 escalón, 2 escalones, 3…

                                    y sucesivamente!


        ¡Y ahora (para colmo) YA-SIN-AGUA-NI-GÓ!


¿Acaso debo estar agradecido?
¿Acaso debo estar


            *a    gra    de    ci    do?*
En fin
que
me PREGuntO
me PREGuntO

me PREG
        -untO

            que cuántos cubos caben
                        en metro
                        de barril.

## VOLUTAS DE HUMO
## («GRAN FORTUNA, NINGUNA CULPA»)

Entonces bien: yo no puedo ir al campo, no quieras ver lo que están haciendo por mí. Él golpea las nueces y sabe el futuro; yo no puedo ir al cielo. Él golpea las nueces y sabe el futuro: no quieras ver lo que están haciendo por mí. Él golpea las nueces y sabe el futuro; no puedo ir al mercado ni a lugares distantes. Él golpea las nueces y sabe el futuro: no quieras ver lo que están haciendo por mí.

---

Digo: «¿Dos escudillas?».

Dice: «El pájaro Hông avanza despacio, despacio, por la orilla del río».

Digo: «¿Varía? ¿Dilaciones…?».

Dice: «Una-cabeza-entra y una-cabeza-sale al mismo tiempo. Si la flecha está al vuelo y tiene un solo destino, ¿cómo *podría* girar?».

## EL TEXTO-CITA

*Decidme —¿cómo pensáis?— ¿acaso, según vuestra opinión, el lector no asimila solo partes y solo en partes? Lee, digamos, una parte o un pedazo e interrumpe para, dentro de algún tiempo, leer otro pedazo; y a menudo ocurre que empieza desde el medio o, aun, desde el final, prosiguiendo desde atrás hacia el principio. A veces ocurre que lee dos o tres pedazos y deja... y no es porque no le interese sino porque algo distinto se le ha ocurrido. Pero aun en el caso de leer el todo, ¿creéis que lo abarcará con la mirada y sabrá apreciar la armonía constructiva de las partes, si un especialista no le dice algo al respecto? ¿Para eso, pues, el autor durante años corta, ajusta, arregla, suda, sufre y se esfuerza: para que el especialista diga al lector que la construcción es buena? ¡Pero vayamos más lejos aún, al campo de la experiencia cotidiana! ¿No ocurre acaso, que cualquier llamado telefónico o cualquier mosca puede distraer al lector de la lectura justamente en ese supremo momento en que todas las partes y tramas se juntan en la unidad de la solución final? ¿Y si en ese momento entrase (digamos) su hermano y dijese algo? La noble labor del escritor se echa a perder a causa de una mosca, un hermano, o un teléfono —¡oh, malas mosquitas! ¿por qué picáis a hombres que ya perdieron la cola y no tienen con qué defenderse?*

---

Y bien, es claro que la misma cosa no estará dispuesta al mismo tiempo a hacer o sufrir casos contrarios con respecto a lo mismo, y con relación al mismo objeto. En otras palabras: si Ud. *no* ha logrado entrar *aquí*, hasta ahora, entonces tendré que salir yo, al decampado con mi ejercicio estético. Porque, y viendo de otro modo, ¿qué razón tendría esta diatriba de principios de intelección? ¿Una lección moral? ¿Un ego desatado en detrimento de la razón del libro? ¡Ah, mi buen amigo, *hypocrite lecteur!* ¿Se escribe para llenar el subgénero de los amadores de versos, o bien la prosapia de los declamadores? Es cierto, pero no me negará que cada quien (sí, ¡cada quien!) haciendo lo suyo <u>frente</u> a los otros, y no *con* los otros. Cada quien diciendo que NO con la cabeza, e intentando hacer único su tipo de canción.

## LA ÚLTIMA LÁMINA

Y aquí terminan las obsesiones, miserias, esquizo-
frenias, velocidades, barruntos, ideas fijas y de-
más matices de la historia contada.

El hombre de [en proyecto... título provisional: «Ablan-
dar una lengua»] se despide de ustedes, y promete cum-
plir su palabra sobre la construcción de *un compendio
inobjetal*, sin las acometidas que hoy, en este libro, no
pudieron ser dichas de otro modo.

Con un grande saludo,

D. J Pérez
S.C. Anno Domini mmxviii

[firma electrónica].

*Para Dalmay Lluveras y Gilberto Montes de Oca, que me vieron pensar, en voz alta, estas mismas —o parecidas— cosas que se dicen aquí.*

# ÍNDICE: EL PROCESO

«**En *off*…**» (serie infinita en la que pasan —esta vez— tales como Tamara, Ileana, Lili, Celia, Fredy, Coco, Nelson, José [tío Chogüí], Rainer, Gizeh, Juan, Leandro, el Ángel Escobar, el Ángel Pérez, Pavese, Nechy, Yelena…)

«*Me parece que tienen*…» (este, y los «Ejercicios de más sobre lo mismo», en charlas continuo-discontinuas con Pau Saracho)

«**El sujeto crítico**» (Abel Prieto propone alegremente a jóvenes artistas que devengan el *tipo* necesario al proceso)

«**2**» (Lili, en aquello de suyo indefectible)

«**Métodos no**» (impresiones que indagan en dirección a Nilda, Ileana, Gizeh, Rainer, *hairstylist* Elizabeth, JR y OC, Sergio, Lili, Marquitos, Silvia —¿o fue más bien Alicia?—, Papo *tattooist*, Elizabeth [la Venta], Pancho-Rodolfo, el Faulkner, el autor…)

«**El ama de casa metía aceitunas**…» (la Lili perinola, que *malgrado* lo bien de su cocina, no deja —muchas veces— trabajar al autor, enumerando agobios materiales)

«**Volutas de humo**…» (pensando en Carlos Gil y la *nostra* teoría sobre el plan de destino)

«**El texto-cita**» (un evento encontrado, de estilo y escritura, en *Ferdydurke*, de W. Gombrowicz)

«**La última lámina**» (robo —casi— textual a Julián Pérez, relatando lo próximo, con el discreto encanto de las adaptaciones)

ACTA DEL JURADO

Tras deliberar sobre los manuscritos finalistas, el jurado decidió, por mayoría de votos, otorgar el Premio de Poesía Editorial Hypermedia 2019 al manuscrito *Ablandar una lengua*, presentado con el pseudónimo de Butor.

Abierta la plica, su autor resultó ser Javier L. Mora.

El Premio de Poesía Editorial Hypermedia 2019 consiste en 1.000 USD y la publicación de la obra.

Javier L. Mora nació en Bayamo en 1983. Poeta, crítico y traductor, tiene publicados *Matar al gato ruso y otros ensayos* (Premio Pinos Nuevos, Letras Cubanas, 2018), la selección personal *Manejos del ojo* (Casa Vacía, 2019), y la antología *Long Playing Poetry. Cuba: Generación Años Cero* (Casa Vacía, 2017), en coautoría con Ángel Pérez.

Ha obtenido la Beca Dador de ensayo 2014, y el Premio de Poesía Ilse Erythropel de *La Gaceta de Cuba,* 2018.

Ha traducido textos de Eugenio Montale, Nanni Balestrini y Matteo Fantuzzi, entre otros.

*Ablandar una lengua* es el segundo volumen de su *Serie de la Repúblik*, integrada además por *Examen de los institutos civiles* (Premio David de Poesía, 2012) y «El Gran Bluff».

Textos suyos aparecen en diversas publicaciones de Cuba y el extranjero, y han sido traducidos a varias lenguas. Vive en Santiago de Cuba.

Asimismo, la calidad de los manuscritos finalistas decidió al jurado a proponer por unanimidad otros cuatro libros para su posible publicación en Editorial Hypermedia:

*Asentamientos de la civilidad* (presentado con el pseudónimo Baruk).

*Mapas neuronales* (presentado con el pseudónimo Domingo trenzado).

*Los tupidos* (presentado con el pseudónimo Zinaida Reich).

*Kinemas* (presentado con el pseudónimo El Pastor).

Abiertas las plicas, sus autores resultaron ser:
Youre Merino *(Asentamientos de la civilidad)*
Ismaray Pozo Quiñones *(Mapas neuronales)*
Martha Luisa Hernández Cadenas *(Los tupidos)*
Antonio Armenteros Álvarez *(Kinemas)*

El jurado del Premio de Poesía Editorial Hypermedia 2019 estuvo formado por los escritores:
Ernesto Hernández Busto, como Presidente
Damaris Calderón Campos
Jorge Luis Arcos
Legna Rodríguez Iglesias
Rosie Inguanzo
Dolan Mor
Ladislao Aguado, en representación de la editorial Hypermedia.

*26 de diciembre de 2019*

# ÍNDICE